pour la vie

Éric Sablé est né à Nice en 1949. Après des études en Ariège, il exerce de nombreux métiers : charpentier, guide de montagne et même nettoyeur d'avions. Il se consacre aujourd'hui à l'écriture de romans, mais aussi de dictionnaires et de petits manuels pratiques.

Ginette Hoffmann est née en 1955 à Guebwiller. Depuis ses études d'arts décoratifs, elle exerce son métier de dessinatrice au service des enfants. Elle illustre des histoires pour les tout-petits et de nombreux contes traditionnels.

Du même illustrateur dans Bayard Poche :
Le secret de Farida (J'aime lire)

Septième édition

Dépôt légal : mars 2003
Loi du 16 juillet 1949 sur les publications destinées à la jeunesse.

Un ami pour la vie

Une histoire écrite par Éric Sablé
illustrée par Ginette Hoffmann

J'AIME LIRE
BAYARD POCHE

INDE
SRI LANKA
Colombo

1
Dans la gare de Colombo

Kanti vivait à Colombo*. Il habitait une petite maison blanche, près du chemin de fer. Il vivait là avec son frère aîné qui vendait des noix de coco et des bananes sur les marchés. Kanti n'allait pas à l'école et il était libre d'aller où il voulait.

* Colombo est la capitale du Sri Lanka.

Parfois son frère partait pendant quelques jours, et Kanti restait seul. Pendant des heures, il regardait le vendeur de thé qui passait en criant, ou bien le charmeur de serpents qui s'installait tous les soirs au coin de la rue avec sa flûte. Ou encore il allait se promener dans la gare : il regardait la foule et les trains qui partaient pour des villes lointaines.

Un jour, dans le grand hall, il remarqua une petite fille aveugle qu'il n'avait jamais vue. Elle était toute menue*, vêtue de blanc. Elle avait les yeux fermés et elle souriait.

Une femme l'accompagnait. Après avoir regardé partout d'un air soupçonneux, elle la laissa près d'un vendeur de thé.

* Elle était petite et mince.

La petite fille s'assit sur le sol contre le mur, elle posa une soucoupe devant elle et attendit... De temps en temps, les gens lui jetaient une pièce de monnaie. Elle la ramassait sans rien dire, avec son éternel sourire.

Kanti fut tout de suite intrigué par cette petite fille. Elle ne voyait pas, et c'était comme si elle avait un secret derrière ses yeux fermés...

2
La petite mendiante

Le lendemain, Kanti retourna à la gare. La jeune aveugle était déjà là, au même endroit que la veille. Il se posta un peu plus loin pour l'observer en silence.

Une pièce de monnaie roula sur le sol, presque devant lui. Évidemment, la petite fille ne pouvait pas la voir et elle tâtonnait avec sa main tout autour d'elle pour la ramasser.

Un voleur qui passait ses journées à l'affût d'un sac ou d'une valise mal gardée l'avait repérée, lui aussi. Il s'apprêtait à poser le pied sur la pièce, mais Kanti fut plus rapide. Il l'attrapa, puis il s'approcha de la jeune aveugle :

– Tiens... Voici ta pièce...

Elle tourna la tête en direction de Kanti et elle répondit :

– Merci... merci beaucoup.

Il en profita pour lui demander :
– Comment t'appelles-tu ?
– Batcha.
– Moi, c'est Kanti. Et tu viens d'où ?
– D'un village tout près de la jungle.

Kanti demanda tristement :
– Tu as toujours été aveugle ?
– Non, c'est une maladie. Avant, je voyais.
– Et la femme, c'est ta mère ?
La petite se mit à rire :
– Oh, non ! C'est ma tante. J'habite chez elle.

– Et tes parents, où sont-ils ? demanda Kanti.

– Quand mon père a disparu du village, je suis restée seule avec ma mère. Mais peu de temps après, ma mère est morte, et c'est ma tante qui m'a recueillie. Mais elle ne m'aime pas. Elle dit que c'est à cause de moi qu'elle est pauvre, parce que je suis aveugle et que je ne peux pas l'aider. Alors, elle m'envoie mendier ici. Et le soir, elle me bat si je ne rapporte pas assez d'argent.

À partir de ce jour, Kanti prit l'habitude de venir s'asseoir à côté de Batcha. Il faisait simplement bien attention de partir avant que sa tante arrive.

Batcha ne parlait pas beaucoup, et Kanti se demandait bien à quoi elle pouvait penser toute la journée dans le noir. Il n'osait pas lui demander, mais parfois il fermait les yeux pour voir ce que cela faisait d'être aveugle.

De temps en temps, il lui racontait ce qu'il voyait : par exemple, les étrangers qui passaient. Ils avaient la peau tellement blanche que Kanti se demandait s'ils n'avaient pas eu une maladie pour avoir la peau aussi blanche. Et cela faisait rire Batcha.

Quelque temps plus tard, Kanti apporta à Batcha des bananes et des noix de coco. Elle avala, ou plutôt engloutit tout en quelques secondes, comme si elle n'avait pas mangé depuis plusieurs jours. Kanti en était sûr, elle ne devait pas être bien nourrie. Et pourtant, elle ne se plaignait jamais !

Un jour, Kanti demanda à Batcha :

– Pourquoi ton père a-t-il disparu ?

Batcha poussa un soupir :

– Mon père était pêcheur comme tous les habitants du village. Mais il combattait aussi pour l'indépendance de notre peuple*. Un jour, des soldats sont venus. Ils ont tué beaucoup de monde, même un vieillard qui habitait près de chez nous. Mon père a réussi à s'enfuir avec d'autres hommes dans la jungle. Depuis, ils vivent là-bas, au fond de la forêt.

* Deux peuples différents vivent au Sri Lanka. L'un d'eux, le peuple tamoul, lutte depuis des années pour devenir indépendant.

Kanti murmura :

– Tu n'as jamais cherché à le revoir ?

– J'aimerais bien. Mais comment faire ? Le seul qui sait peut-être quelque chose, c'est Gampola, l'ami de mon père. Il m'aimait beaucoup. C'est lui qui me racontait des histoires lorsque je suis devenue aveugle... Mais comment veux-tu que je retourne dans mon village ?

En entendant cela, Kanti ne répondit rien, mais il eut subitement une idée. Une grande idée...

3
Cache-cache dans la gare

Le lendemain, Kanti glissa de la nourriture dans un petit sac et il se dirigea immédiatement vers la gare. Il était encore tôt, mais Batcha était déjà assise contre le mur. Il s'approcha lentement d'elle :

– Bonjour, Batcha !

Batcha se tourna vers lui en souriant :

– Tu es bien matinal*, aujourd'hui !

– C'est que j'ai beaucoup réfléchi hier soir. Il faut que tu ailles dans ton village pour savoir ce que ton père est devenu. Et j'ai décidé de t'accompagner.

Batcha sentit son cœur battre plus fort. Un sourire illuminait son visage. Mais, brusquement, elle dit :

* Il s'est levé tôt.

– Comment faire ? Nous n'avons pas d'argent pour le voyage.

– Ce n'est pas un problème ! répondit Kanti. Je sais comment on peut se faufiler jusqu'aux quais.

– Alors, je suis d'accord…

Aussitôt, Kanti prit Batcha par la main et il l'entraîna dans la gare, à travers la foule. Au passage, ils écrasèrent quelques pieds, mais avant que les gens aient eu le temps de réagir, ils étaient déjà loin…

Batcha trébuchait à chaque pas. Elle essaya de ralentir l'allure, mais c'était impossible, Kanti était une vraie locomotive.

Enfin, ils arrivèrent près des quais. Kanti attendit quelques secondes, immobile, puis il poussa Batcha sous la barrière. Il la suivit, et ils se faufilèrent derrière de grosses caisses, empilées près d'un wagon de marchandises.

Ils étaient passés ! Derrière, le train était là, tout enveloppé de fumée, prêt à partir.

Mais juste au moment où Kanti s'apprêtait à monter dans une voiture, il vit un homme en uniforme, qui semblait les attendre devant la portière.

Kanti regarda partout autour de lui, cherchant un endroit où ils pourraient se cacher.

Soudain Kanti repéra une femme chargée de colis qui montait dans le train. Il s'approcha d'elle avec Batcha, et ils passèrent discrètement devant le policier, comme s'ils étaient les enfants de la femme.

Quelques minutes plus tard, le train démarra. Ils avaient réussi ! Dans quelques heures, ils arriveraient dans le village de Batcha.

4
Le retour au village

Le village était tel que l'avait décrit Batcha : tout petit, avec des maisons au toit de chaume et des cocotiers partout.

Kanti demanda à Batcha :

– Est-ce que tu te souviens où se trouve la maison de Gampola ?

– C’est la dernière du village, juste à côté du vieux temple. Il suffit d’emprunter la route qui longe la mer.

Kanti prit Batcha par la main pour la guider. Il n’avait presque jamais quitté la grande ville et il regardait avec étonnement les pirogues à balanciers échouées sur la plage et les pêcheurs qui vendaient des poissons, des crabes et des tortues de mer.

Enfin Kanti et Batcha arrivèrent devant une maison blanche. Une femme était assise sur le sol en train de recoudre un vêtement. Elle était toute petite, avec des yeux ronds comme des billes. Elle ressemblait un peu aux esprits des forêts que décrivent les contes.

Lorsque la femme vit les enfants, elle se redressa, comme si elle avait devant elle une apparition de l'autre monde.

Elle s'exclama :

– Ça alors, Batcha ! Ce n'est pas possible !

En entendant cette voix, Batcha lâcha la main de Kanti et elle se précipita dans les bras de la femme. Puis elle lui dit :

– Sasi, je te présente mon ami Kanti. C'est grâce à lui que je suis ici !

Aussitôt Sasi les fit entrer et elle leur servit du poisson et du riz au curry. Ils étaient affamés, et ils dévorèrent en quelques minutes deux assiettes pleines chacun.

Sasi riait en les voyant manger de si bon appétit. Puis elle devint subitement grave et elle se tourna vers Batcha :

– Tu voudrais savoir ce que ton père est devenu ?

Batcha hocha la tête en silence.

– Beaucoup de gens aimeraient savoir où il est pour le prendre. Mais il se cache au fond de la forêt avec ses hommes. Gampola y va de temps en temps pour leur apporter à manger. Bientôt il sera là. Il pourra te donner des nouvelles de ton père.

5
Une solution toute simple

Gampola arriva avec le crépuscule*. Il était presque aussi petit que sa femme. Il avait des yeux vifs d'écureuil.

Quand il vit Batcha, il resta immobile un long moment comme s'il était soudain transformé

* C'est le moment où le soleil se couche.

en statue de pierre. Puis il poussa un cri de joie :

– Si je m'attendais à te voir !

Et il se précipita vers elle pour la prendre dans ses bras.

– C'est merveilleux que tu sois venue, Batcha. Tous les jours, je me demande ce que tu deviens et si tu es heureuse là-bas avec ta tante...

Sa femme l'interrompit :

– Non, elle n'est pas heureuse.

Et elle lui expliqua longuement la situation, pendant que Batcha pleurait en silence...

Gampola s'était assis. Il avait l'air très triste et il regardait Batcha de temps en temps. Il semblait réfléchir. Soudain, un sourire illumina son visage. Il dit :

– La solution est simple… Ce soir, je dois ravitailler les hommes de la jungle. Je t'emmène avec moi : il faut que tu voies ton père ! Lui, il saura ce qu'il faut faire.

En entendant cela, Batcha se leva et son visage s'épanouit comme lorsque Kanti lui avait proposé de l'emmener au village.

Kanti les regardait avec inquiétude. Quoi ? Il allait quitter Batcha tout de suite, avant qu'elle

ait retrouvé son père… Il n'en était pas question ! Aussi affirma-t-il avec force :

– Moi aussi, je viens avec vous !

Batcha ajouta d'une petite voix :

– C'est vrai… Il pourrait peut-être venir… Gampola les regarda l'un après l'autre, puis il éclata de rire et leur dit :

– Allons, c'est d'accord, je vous emmène tous les deux. Mais dépêchez-vous, il faut partir avant que la nuit tombe !

6
Au fond de la jungle

Après avoir chargé un lourd sac de riz sur ses épaules, Gampola sortit avec prudence de la maison, suivi par les deux enfants.

Kanti marchait en tenant Batcha par la main. Il était très excité. Il se disait que, pour la première fois de sa vie, il allait pénétrer dans la jungle.

Mais au bout d'un moment, il s'inquiéta : il avait beau regarder partout autour de lui, il ne voyait que quelques maigres buissons. Il demanda à Gampola :

– Quand arriverons-nous dans la jungle ?

Gampola prit un air mystérieux :

– Regarde... Regarde bien, et tu verras...

Effectivement, au bout d'un moment, Kanti s'aperçut que les arbres devenaient plus grands, plus sombres. Les cris des oiseaux se raré-

fiaient*. Kanti entendait de temps en temps des bruits inconnus. La lumière perçait difficilement la masse compacte des feuilles, et il avait l'impression de marcher dans un long tunnel.

Kanti se rapprocha insensiblement de Gampola en serrant plus fort la main de Batcha. Cette fois-ci, ils étaient bien dans la grande forêt mystérieuse !

Soudain, Kanti aperçut un bol de lait au pied

* On les entendait de moins en moins.

d'un arbre. Il se tourna vers Gampola et il lui demanda en désignant l'objet :

– Qu'est-ce que c'est ?

Gampola répondit :

– C'est pour nourrir le cobra.

Kanti répéta, incrédule :

– Un cobra ! Mais c'est le plus dangereux des serpents !

Gampola ajouta avec un sourire amusé :

– C'est un cobra sacré que les habitants du village nourrissent. Mais sois sans crainte, le cobra est gros, lui… On le voit. Les plus dangereux sont les petits serpents qui demeurent invisibles…

En entendant cela, Kanti se mit à inspecter soigneusement le terrain avant chaque pas. Il imaginait toutes ces bêtes, plus terribles les unes que les autres, qui vivaient à l'ombre de ces arbres : les serpents, les araignées, les scolopendres*...

Ils poursuivirent leur marche... longtemps, longtemps. Kanti avait presque oublié sa peur, mais il commençait à sentir la fatigue, et Batcha se faisait de plus en plus lourde au bout de son bras.

* Ce sont des sortes de mille-pattes, dont la morsure peut être très dangereuse.

Brusquement, il vit une ombre se profiler un peu plus loin sur la droite. Gampola l'avait vue lui aussi. Il s'arrêta net, en leur faisant signe de se taire.

Kanti écarquillait les yeux. Il n'osait plus respirer. Batcha avait compris qu'il se passait quelque chose et elle restait immobile, elle aussi.

Kanti murmura :

– Qui est-ce ?

– Je n'en sais rien, répondit Gampola. Je vais aller voir. Surtout ne bougez pas. Gampola posa son sac de riz, le plus doucement possible, et il disparut, absorbé par la nuit.

Seuls... Ils étaient seuls !... Kanti regardait partout autour de lui en serrant la main de Batcha. Il sentait son cœur battre très vite. Le moindre souffle de vent dans les arbres le faisait sursauter et il essayait de percer l'obscurité. Mais, évidemment, c'était impossible. Alors, il serrait encore plus fort la main de Batcha.

Ils restèrent là sans oser bouger, sans oser parler pendant un temps qui sembla inter-

minable. Soudain, Kanti entendit un crissement léger, à peine perceptible. Puis un autre, et encore un autre. Cette fois-ci, il se passait quelque chose. Kanti se recroquevilla sur lui-même, craignant de voir apparaître un tigre.

Brusquement, il distingua l'ombre d'un homme armé d'un fusil. Il dit tout bas à Batcha :

– Tu entends : des hommes arrivent. Et ils sont armés !

Avant que Kanti ait eu le temps de se lever, un géant terrible sortit de l'obscurité. Kanti, effrayé, se mit à hurler. Mais le géant se préci-

pita vers Batcha et la souleva de terre en riant de bonheur :

– Ma petite Batcha ! Comme tu as grandi ! Mais comment as-tu fait pour venir jusqu'ici ?

Batcha présenta Kanti à son père :

– C'est mon ami Kanti qui m'a aidée. Sans lui, je ne serais jamais partie à ta recherche !

L'homme regarda longuement Kanti en souriant. Il lui prit la main :

– Ainsi, c'est grâce à toi que j'ai retrouvé ma fille. Je ne l'oublierai jamais.

Maintenant qu'il souriait, le père de Batcha ne semblait plus aussi terrible. Il se tourna vers sa fille :

– Je ne peux pas te garder avec moi dans la jungle : c'est trop dangereux, ici ! Mais Gampola est d'accord pour que tu restes au village avec lui et Sasi. Ainsi, ton ami pourra venir te voir quand il le désirera.

Puis il ajouta :

– Mais je suis sûr que vous avez faim. Venez, nous allons manger ensemble, avant que vous quittiez la jungle.

Et ils s'en allèrent tous, sur les pas du père de Batcha, jusqu'à un campement éclairé par un grand feu.

J'AIME LIRE

Les premiers romans à dévorer tout seul

Se faire peur et frissonner de plaisir **Rire et sourire ave**

des personnages insolites **Réfléchir et comprendre la vie d**

tous les jours **Se lancer dans des aventures pleines d**

rebondissements **Rêver et voyager dans des univers fabuleu**

Princesse Zélina

Plonge-toi dans les aventures de Zélina,
la princesse espiègle du royaume de Noordévie.

Découvre les plans diaboliques de sa belle-mère qui voudrait l'écarter du trône… et fais la connaissance du beau prince Malik, un précieux allié pour Zélina.

Retrouve Zélina dans *Astrapi*, le journal des 7-11 ans qui se lit avec sa tête et avec ses mains.

Tous les 15 jours chez ton marchand de journaux ou par abonnement.

Achevé d'imprimer en août 2003 par Oberthur Graphique
35 000 RENNES – N° Impression : 5245
Imprimé en France